ENNA PERTIM, geb. in Westfalen, lebt in der Nähe von Hannover. Ursprünglich von Beruf Schauspielerin, studierte sie nach dem frühen Tod ihres Mannes Psychologie, Soziologie und Pädagogik und war als Lehrbeauftragte im Fach Sprechwissenschaft an der Universität tätig. Erst spät begann Enna Pertim mit dem Schreiben und stellte sich – nach anfänglichen Versuchen in Anthologien und Zeitschriften – 1985 mit ihrem Gedichtband »Schattenlichter, lichter Schatten« der Öffentlichkeit vor. Danach verlagerte sie ihren Schwerpunkt auf Prosatexte, die inzwischen in mehreren Auflagen erschienen sind.

Enna Pertim

Immer im Jetzt

Gedichte

BUCH&media

Weitere Informationen über den Verlag und sein Programm
unter www.buchmedia.de

Bibliografische Information der Deutschen Nationalbibliothek

Die Deutsche Nationalbibliothek verzeichnet diese Publikation
in der Deutschen Nationalbibliografie;
detaillierte bibliografische Daten sind im Internet
über http://dnb.d-nb.de abrufbar.

Abbildungsnachweis:
S. 11 Foto: Angelika Frehse · S. 17 Foto: Heide Rosendahl · S. 26 Gottes Hand (Carl Milles), Foto: Rudo Timper · S. 31 Foto: Angelika Frehse · S. 35 Foto: Rudo Timper · S. 44 Akt, eine Treppe hinabsteigend, No. 2 (Marcel Duchamp) · S. 51 Foto: Angelika Frehse · S. 64 Musizierender Engel (Carl Milles), Foto: Rudo Timper · S. 71 Foto: Anne Timper · S. 76 Brunnen »Kreislauf des Lebens« (Gustav Vigelandt), Foto: Rudo Timper · S. 81 Foto: Angelika Frehse · S. 86 Foto: Angelika Frehse · S. 92 Musizierender Engel (Carl Milles), Foto: Rudo Timper · S. 94 Der Mensch und Pegasus (Carl Milles), Foto: Rudo Timper · S. 110 Skulptur, Foto: Anne Timper · S. 128 Foto: Angelika Frehse · S. 135 Foto: Angelika Frehse

2. Ausgabe Mai 2010
© 2009 Buch&media GmbH, München
Umschlaggestaltung: Kay Fretwurst, Freienbrink
Herstellung: Books on Demand GmbH, Norderstedt
Printed in Germany · ISBN 978-3-86520-349-6

NUR EINES IST GEMEINT.
HINDURCHZUFINDEN ...
UND UM UNS HER
MÜHT EINE SCHAR VON BLINDEN
SICH UM DEN EINEN AUSWEG:
UM DAS LEBEN

(Marie-Luise Kaschnitz)

FREMDHEIT

Wir stehen beieinander
und sehen uns nicht

Wir hören uns zu
und verstehen uns nicht

Wir sprechen uns an
und meinen uns nicht

Wir wohnen im gleichen Haus
und erkennen uns nicht

Wir leben zusammen
und wärmen uns nicht

Wir sehen nur uns selbst
doch wir wissen es nicht

VOR – ZEITIG

Bei all dem Frühlingsblühen
das vor der Zeit begann
mag sich mein Herz
nicht recht entzünden

Ich höre unheilvolle Boten
mit uns gehen
all mein Ängsten
will nun nicht mehr enden

Der Himmel graut
in ständigem Verdichten
und um uns hält
lautlos und stumm
der Tod schon namenlose Ernte

Schon geht ein banges Weinen
durch die Welt
Vielleicht dass sich dem Taumel
all der Wohlstandsklänge
doch noch ein neuer Geist
entgegenstellt
eh dieses Loch am Himmel
vernichtend auf uns
niederfällt

ABSEITS ...

Im Niemandsland
tastend
zu gehen versuchen
gegen Wände rennen
rufen
ohne Widerhall
fragen
und keine Antwort erhalten
Straßen
vor sich sehen
nicht ankommen können

abseits stehen
Verachtung
in sich spüren
und doch
den angefangenen Weg
zu Ende gehen

ÜBERFÄLLIG

Die Frucht ist überreif
zerplatzt
eh' sie genossen
Das Trottoir wird feucht

Unter den Sohlen
klebt die leere Schale
den Samen
fängt der Rinnstein auf

Anstatt der Gärten
wachsen Eisengitter
und Stahlgewitter verdunkeln
die entgleiste Welt

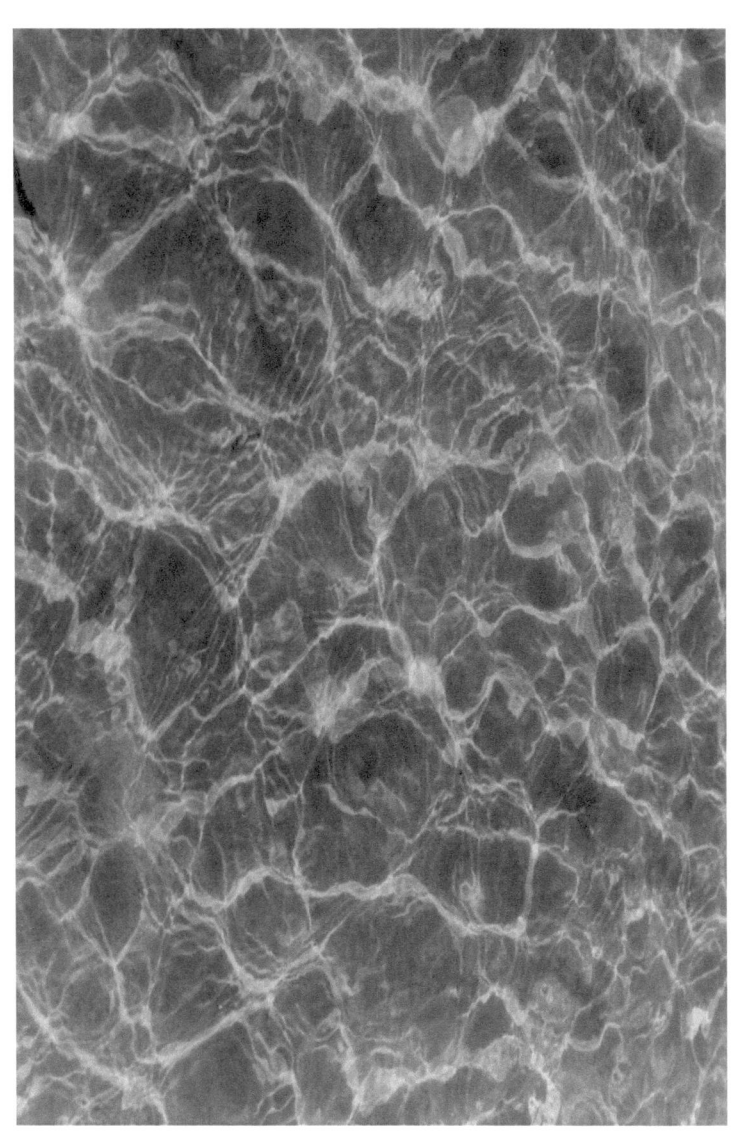

BRÜCKENSCHLAG

Die Zeituhr tickt
Straßen
brechen ab
der Horizont ist weit
er trägt den Traum
ersehnter Menschlichkeit

Wir sollten endlich
Brücken schlagen
Wege gehen
die nicht mit Hass
nicht mit Gewalt und Tod besät
Wir sollten Hoffnung
in uns tragen
und das Vertrauen wagen
eh diese Welt
in einem großen Brand
zerfällt
den wir selbst
verschuldet haben

AUFTRAG

Wo wird denn
unser Leben enden
wenn wir weitergehen
mit leeren Händen
Herzen
fest verschlossen halten
und mit blinden Augen
die das Leid nicht sehen
Wenn wir
Kerker in uns tragen
Sprachen sprechen
die wir nicht verstehen
und im Wahnsinn dieser Zeit
die Vernunft
sich selbst zerfrisst

AUF DEM WEGE NACH KORCULA

Ein Gesicht
mir fremd
vor dem
»Mahnmal der großen Kriege«

Unsere Augen
halten sich fest
im Vorübergehen

Wir wissen beide
um die Fragwürdigkeit
Völker mordender Siege

SPUREN

Blassblauer Horizont
zerborstene Arkaden
Das Zittergras
verloren im Wind
und Schädelknochen
sind gesammelt
in Regalen

VISIONEN 90

Ängste
am Abgrund des drohenden Falls

Der Weg ein Taumeln
kein Gehen mehr
und Zweifelndes bohrt sich
in körnigen Grund
rissigen Tiefen entgegen

Jahre
die nutzlos vergehen
Und blind umwuchert
vernichtendes Rankwerk
ein hohles Geäst

Wann wird aus dem Stürzen
sich anderes Werden befreien
Wo werden sich Suchende
findend verbinden
hinüberleiten die wunde Zeit
zu gelebter Menschlichkeit

Wann werden
neue Flammen sich entzünden
zu echter Toleranz
sich Kräfte binden die
Fesseln alten Geistes sprengt
den wahren Kern von Menschen-Würde
nicht in Verachtung
niederbrennt

BESINNLICHER AUGENBLICK

Wo – warst du
als man
mit geängsteter Seele
dich rief
ein Atemzug Leben vor dem Tod

Wo – als es galt
im Netzwerk trügerischer Sprache
Lügen zu entlarven
eh sie verführerisch
Bewusstsein trübten

Wo – ist dein Mut
entschieden NEIN zu sagen
wenn sich im Überfluss
das Karussell der Lüste dreht
dir zum Genuss allein
und anderen vielleicht schon
zum Verderben

Wie – hältst du stand
dem Widerspruch
der in dir wächst
erträgst du gar
die Nacktheit des Versagens
und solltest doch
mit aller Kraft
dem blinden Eifer solchen Tuns
entgegenwirken

Auch – wenn ein kleiner Stein
nur wenig zählt
am großen Bau der Welt

WIR LASSEN ES GESCHEHEN ...

irgendwo

        an vielen Orten

überall

        irgendwo

unter uns

        Menschen

von Menschen

        versklavt

ent-würdet

        von Menschen

Freiheit

        ein Wort

leergebrannt

        tödlich

die Macht

        über Menschen

subtil

        nicht spektakulär

sie trifft

        trifft nicht dich

nicht mich

        doch Menschen

wie dich

        wie dich und mich

und du und ich

        wir beide

    lassen es g e s c h e h e n ...

(dreifach zu lesen)

DAS KARUSSELL (1)

Das Leben ist ein Karussell
Wir fahren mit als Marionetten
Mal ist es dunkel und mal hell
in diesem Lebens-Karussell
und manchmal rast es viel zu schnell
dann reißen seine Ketten
Das Leben bleibt ein Karussell
Doch bleiben wir die Marionetten ?

DAS KARUSSELL (2)

Die Welt dreht sich im Kreise
und wir, wir dreh'n uns fleißig mit
Wir schonen uns auf unsre Weise
derweil die Welt sich dreht im Kreise
Wir lachen laut und schimpfen leise
und ändern selten unsern Tritt
Die Welt dreht sich im Kreise
wir dreh'n uns allzu willig mit

GEMÄLDE OHNE TITEL ...

Hände ...
überall Hände

Hände umklammern
Stahlkopf und Eisen
Hände
zwischen Räder geklemmt
abgetrennt
im Gang der Maschinen
Hände ... Hände ...

Hände
gebrochen geschunden
im Schraubstock der Zeit
Hände an Ketten gebunden

Hände
inmitten der Leere
die um sich greifen
Hände
die niemand erreichen
Hände verstümmelt
unter verstümmelten Leichen

Hände die schreien

Hände
zu Fäusten geballt gegen Gewalt
Hände ...
überall Hände

Hände beschwörend auf
brennende Himmel gerichtet
Hände
verbrannt und vernichtet

Hände ...
überall Hände

(Documenta Kassel, 1987) Robert Morris

VERSPIELT

Blendwerk
lichtlos
zerplatzt

    Flüchtig
    im Dunst
    noch ein Schemen
    des Anspruchs

Einst
an ein Ziel
geheftetes
Verlangen
nach Macht

    irgendwo
    irgendwie
    erhoffte
    mit Worten groß
    die Schwachen
    zu umgarnen

Und magisches
Bemühen
zu überlisten
die
die nicht sehen

    um siegreich
    zu enden

ICH BLEIBE, WO ICH BIN
IN DIESEM GEHÄUSE DAS WEHTUT
DAS ICH AUFBRECHEN KÖNNTE
UND KÖNNTE MICH AUSFLIEßEN LASSEN
UND VERSICKERN LASSEN MEIN BLUT

(Marie-Luise Kaschnitz)

EIN ANDERER TOD

Seit deinem Tod
sind viele Monde vergangen

Noch immer verdämmern mir
Tage und Nächte
all' meine Fragen
finden kein Ziel

In mir ist
ein anderer Tod

Die Sonne fiel
in nebeldichtes Grau
losgelassen
hinausgeschleudert
treibt die Seele fort
durchirrt
die unerforschten Räume

Und über mir
der Himmel
ist so dünn geworden

TRAUMATISCH

Ich bin in die Dunkelheit eingetaucht
und stumm!
Und die stillen Schreie des Schmerzes
haben den Frieden der Nacht gestört

Ich hab' Horizonte umwandert
in Ohnmachts-Fantasien
doch nirgends ein Ort
an dem das Fieber in mir
zum Schweigen gebracht

Bis irgendwann ein leichter Tau
die Seele benetzte
mein Fragen ein Ende fand
und das Herz wieder
im Puls des Lebens
zu schlagen begann

DIE MOTTE

Sie flog ins Licht
und dieses Licht
brachte ihr Tod

Ein letzter Rausch
und Trunkenheit im Flug
bis sich ein feiner Staub
von ihrem Körper löste
und die Gestalt
erst torkelnd
dann leblos
auf den Boden fiel

So war das Licht
ihr Glück und Tod zugleich?

Keiner weiß
was sich zuerst vollzogen

DANACH ...

  es singt
    das ganze all
      und jedes ist
        in sich verwoben
          gestalt verloren
            fließt es zusammen
              strömt es hin
                steigend
                fallend
                kreisend
            um einen Scheitelpunkt
der in sich trägt den Atem aller Kraft
       und aus dem Scheitelpunkt
                kreisend
                fallend
                steigend
              strömt es hin
            fließt es zusammen
          gestalt verloren
        in sich verwoben
      und jedes ist
    das ganze all
und singt

AUS MENSCHLICHER SICHT ...

Als die Sonne verblasste
sind Sterne erwacht

Ferne verheißen sie Licht
und SEIN
nach ihrem Gesetz

Kreisend umweben sie
Schicksal und Fühlung
zeitlos entgrenzt
aus menschlicher Sicht

Tragen sie Leben
wurden sie Schöpfung
wie wir
im Anfang
dem Ende geweiht
wie alles
im Ursprung dem Ziel schon
bestimmt
ein Kommen Vergehen
im Wechsel des Seins

Geheimnis uns Wesen
aus menschlicher Sicht ...

VERSUCH EINER FLUCHT

Der Himmel ist fern

Kalt und stumm
bleiben die Sterne
während die Erde
zu schwanken beginnt

Stimmen ziehen mich fort
und bohrend nagt
ein Ticken den Rest

Die Wand ist dünn
die uns trennt
doch der Weg zu Dir
bleibt verhüllt
auch wenn meine Seele
das Dunkelland ahnt

Dennoch – die Grenze steht fest
zwischen hier
und dem möglichen Dort

Ich sammle den Tau
der die Gräser tränkt
Ich höre die Blumen
ihr Lebenslied singen
Die Schatten vergehen

Über mir spielen wieder
Wolken und Wind

ICH WILL AM ABEND

den Fluss entlanggehen
wenn die Dämmerung
Rosen ins Wasser streut
und der ferne Ruf
der Vögel
dahin treibt
über den Wolken

Ich will mich nicht umsehen
nicht wieder erschrecken
vor meinen eigenen Ängsten
den fremden Stimmen
in mir
vor kommenden Tagen
mit lähmendem Nichtstun
und der Erinnerung
an den Boten des Todes
kurz vor der Nacht

JAHRES – AUSKLANG

Ich sinne stumm und
lass die Zeit vorüberziehen

Das Jahr verbrennt

Und Bild reiht sich an Bild
bis es in sich zerfällt

Nur hier und da fällt doch
ein Funke noch zurück
vom Rauch der Asche
die nie ganz verglüht

Er ist mir Spur von dir
der stetig neuen Lebens-Mut
entzündet

Der Rest wird fremd

So sinn ich weiter mich
durch all das Ungewisse
das mich umgibt
bis irgendwann dann
auch für mich
der letzte Schleier
von den Dingen fällt

ORPHISCHES LIED

In den Abend
tauch ich dein Bild
ich füge die Sterne
zusammen

Da werd ich
durch deinen Atem erfüllt
vom Bannkreis unserer Seelen
umfangen

Ich nehme das Fühlen
mit in den Tag
durchlichte
die dunkle Enge

Ich spanne den Bogen
zu neuer Musik
entlocke den Saiten
auch Klänge

doch unter sie mischt sich
das orphische Lied
das ich
fernab aller Zeiten und Räume
an dich entsende

WAS MIR BLIEB ...

Wo blieb
dein Geist gebundener Leib
denn mehr
entzog der Tod mir nicht
All' unsre Seelenfäden
bleiben eng verwoben
im Zauber der Erinnerung
stets aufgehoben

So leb' ich Tag und Nächte
nur in der Hoffnung
dass du bist
und dass
in diesem Erdenleben
die Brücken wachsen
hin zu deinem Licht

UNGEWISS

Wie hast du glauben können
Leben und Tod stünde in deiner Macht
Es waltet ein anderes Gesetz
das die Grenzen des Lebens bewacht

Es ist ein ewiges Walten
das sich dem Begreifen entzieht
ob göttlich- ob kosmisches Wirken
dem kein menschliches Wesen entflieht

Es gibt eine Zeit wohl, auch einen Plan
für unser irdisches Tun
Das Wissen darum zu ergründen
lässt unseren Geist nicht ruhen

Es bleibt ein stetiges Ringen
von Ohnmacht und Zweifel geplagt
um zu hoffen im Glauben
was der Verstand uns versagt

FRIEDHOF IM AUGUST

Im Dunst des frühen Tags
erscheint mir nah dein Bild
durchwirkt vom Wissen
vergangener Glückseligkeit

Ich pflanz es tief in meine Seele ein
dass es symbiotisch weiter wirke
des Tages Helligkeit mir immer auch
erneut enthülle

Dass es den Blick mir weite
und neue Horizonte finde
die Ferne ahnbar macht
und starre Grenzen überwinde

Du weißt – ich spüre es
Du siehst – dem Denken längst entbunden
was hinter unseren Grenzen steht
Du bist – als Teil des Höheren
für alle Welten und auch Zeiten
neu geboren

STERNSCHNUPPE

Lichtschweif im All
sekundenschnell verbrannt
Ursprung und Ziel
mir unbekannt

Irgendwoher ... irgendwohin ...
Galaktischer Zufall ohne Sinn ?

Vielleicht auch ich
ein Lichtschein auf Zeit
ein Atom im kosmischen Tanz
oder
Teil einer höheren Wesenheit ?

AUF EINE STERBENDE

Tod, der noch nicht ist
wohnt schon in dir

Sein Atem geht um deine Stirn
ich spür's
Dein Fühlen ist
schon weit entrückt
Dein Schauen
hat den Glanz von Fernen
in die die Seele eingetaucht
und voller Frieden
lächelt stumm dein Mund

Geheimnis dieses Werdens
in dem Verwandlung
Finden
Auferstehen
den Tod besiegt
der dich
in eine andere Wesenheit
entlässt

ZWISCHEN GESTERN UND MORGEN
SETZT DU DIE ZEICHEN
BEDEUTUNGSSCHWER

IMMER IM JETZT

Zwischen gestern und morgen
setzt du die Zeichen
bedeutungsschwer

Immer im Jetzt
vollzieht sich dein Handeln
bleibt
im Wandel des Tuns
von Bildern der Seele
geprägt

Was klein du gedacht
kann groß sich entfalten
und Großes
zerrinnt bisweilen
im Fließsand der Zeit

Wenn Zweifel sich
lichtlos verdichten
sich Wege im
Netzwerk des Lebens verlieren
wage ein neues Beginnen
und lass dich vom Kern
deines Wesens führen

Denn
wahre Kraft
wächst stets von innen

WIE WIR

Der Wind
treibt Wellen an den Strand
die rollen über Kieselsand
und laufen
zurück ins Meer
wo die Bewegung entstand

Die Wellen
kommen im Überfluss
eine der andern weichen muss
im Ablauf
des großen Spiels
Und jede ein flüchtiger Gruß

FLUSS DES WALTENS

Wie wird das Leben
sich entfalten

Wir ahnen nicht
den Fluss des Waltens
das um uns
in uns drängt
wähnen uns frei
da wo das Schicksal
kreisend sich gestaltet

EIN KLEINES WORT

Wir die wir weiter gehen
tragen Zeichen
vom Leben eingenarbt

Vor uns im Ungewissen
das Wagnis ungezählter Augenblicke
hinter uns im Spiegel
die erlebte Welt

Die Szenen wechseln
weitgespannt
prägen vielgestaltig
unsere Spiele

Mach dass sich stets
das Schlüsselwort
ich will einfüge
und baue dir aus
festen Zielen
deine eigene Welt

...

Das Leben ist zu kurz
um klein zu sein
und ungelebte Augenblicke
bleiben
verschenkte Gunst des Schicksals
als Verlust zurück

Find' immer neu
den dir gemäßen Tag
und gib den
leer gewordenen Stunden
mit neuem Geist
Gestalt

AN DER SCHWELLE

Das Jahr eröffnet seinen Reigen
ein neuer Tanz beginnt

Ob leichten Schritts
ob schweren Tritts
ob sich Figuren zeigen
entfalten und gestalten
ob sich im Kreisen
Schwebendes zusammenschließt
oder wie Wellengleiten
im Auf und Ab zerfließt

Kein Tanz ist
der dem andern gleicht
und jedem ist
ein Schwingen eigen
das neu gestaltend
seine ihm gemäße Form
gebiert

VERSPIELTES LEBEN

Taumelnder Flug
durch Raum und Zeit
dem Zufall verwandt
ein Greifen und Nehmen
lichtlos dein Weg
verwischt deine Spur
kurz nur dein Treiben
und
ohne Namen geblieben

DAS UNGEZÜGELTE

ist Unfreiheit in dir
Du wirst dir selbst ein Sklave
bis du dir fremd
geworden bist

Da wo man
alles haben will
wird man doch wirklich
nichts besitzen

NICHT DASS DIE SEELE ...

So wirf den Tag
in die Brandung hinein
halt ihn nicht fern dem Wechsel
von Stürmen und Wind
und lass die Segel
gespannt widerstehen

Nicht dass die Seele
erschreckt
vor dem Morgen flieht
mit stumpfem Blick
in wachsendes Schweigen hinein

Nirgends wird Fülle sein
wenn du mit Kleinmut
und Zaudern
die Kraft dir stiehlst
die dir zum Wachsen
und Reifen gegeben

BEGRENZUNG

Wir treiben
in ständigem Kreisen
durch uns geschenkte Zeit
Und nach den Raumzeitgrenzen
verwandelt sich
unsere Wesenheit

Wir erkunden
das Rätsel der Sterne
von kosmischer Sehnsucht erfüllt
entschleiern den Ursprung des Lebens
das letzte Geheimnis aber
bleibt uns verhüllt

Wir glauben
mit hoffender Seele
erkennen mit lichtem Verstand
und halten doch Göttlich-Erahntes
so klein
in den Weltgeist gebannt

IRGENDWANN

steht deine Uhr
für immer still

Irgendwann

wird sich das Ungewisse
schwer auf deine Seele legen

Irgendwann

gehst du den letzten Weg
allein

Dann

zeigt sich ungeschminkt
im Spiegel des gelebten Lebens
dein wahres ICH

AUFBRUCH

Geh deinen Spuren nach
und mache frei
was du verschüttet hast
Zu schnell
zerrinnt dir deine Zeit

Im Bann des stumpfen Geistes
bist du oft gefangen
und wirst blind

Vielleicht
dass zwischen Sonnenjahr
und Mondeswenden
ein Augen – Blick
den Urpuls in dir weckt
Du bleibst dir selbst
und auch der Schöpfung
gnadenlos verpflichtet

SPUREN

Alles wird einmal
vergangen sein
Freude und Glück
Kummer und Schmerz

Spuren allein
tragen wir mit
in das Morgen hinein

Aber sie bilden
die Felder der Seele

RUDIMENTÄR

Immer wieder wirst du
an Scheitelpunkten stehen
und von den vielen
Wunschgebilden
bleibt oft nur ein
Fragment zurück

Da gibt es Hoffnung
neuer Anfang
Ziel
doch allzu schnell
zerfließt das Tun
in Nichtigkeiten

ENDLICH

sagst du, ist das Leben
endlich, Schmerz und Leid

Kann es Zeit im Leiden geben
ist nicht Leiden

Ewigkeit ?

DER TAUTROPFEN

Ein Teil des Ganzen nur
und doch in sich geschlossen
seine eigene Welt
Wo Licht sich in ihm bricht
und reflektiert
ist Leben tausendfach
ein Nehmen, Halten
Von-sich-Geben
Als Bündel spiegelnder Kristalle
ist alles er und nichts
entstanden unsichtbar
Zufallsgeschenk
das gegenständlich wird
in Licht und Raum
da – wo man es erkennt

Ein aufgelöstes Etwas
wenn Sonnen ihn verdampft
verflüchtigt in den Raum
verwandelt in sich selbst
Und doch bleibt er
ein Teil des Ganzen noch
in der ihm eigenen Welt

EIN ATEMFLUG VORAUS

Wenn die Schatten
in der Herbstzeit wachsen

Wenn fragende Gestalten
aus unbekannten Tiefen steigen
sich entfalten und
nicht mehr vergehen

Wenn sich Schichten
spät erkannten Selbst-Seins
lichten

Wenn die Sinne
vorbereitend
dich auf einen Pfad
geleiten
der zu ehernen Gesetzen
führt
geht dir ahnungsvoll
ein Atemflug voraus

Letzter Anruf
eines unbekannten
nicht benannten Wesens
das des Geistes
Zeichen trägt

ACH, VERGEBLICH DAS FAHREN!
SPÄT ERST ERFAHREN SIE SICH:
BLEIBEN UND STILLE BEWAHREN
DAS SICH UMGRENZENDE ICH

(Gottfried Benn)

AUF ZUKUNFT HIN

Ein jeder wird aus sich heraus bewegt
und schreibt mit eigner Hand
am Stundenbuch der Zeit

Selbst in dem kleinsten Tun
liegt das Geheimnis deines Weges
und stets bleibst du
auf Zukunft hin verpflichtet
Auch du bist eingebunden
in uns verschlossnes rätselhaftes Wirken
das sich im Schöpfungswillen weit verzweigt

Und hast du auf dem Grund der Seele
dein ICH erkannt
so schreibst du neu begreifend
dein Stundenbuch der Zeit
das aufgehoben ist
in Gottes Unergründlichkeit

NUR TÄUSCHUNG

Ich stolperte
von Stein zu Stein
brach ein
auf dem steilen Pfad
den mein Verstand betrat
um letzte Dinge zu ergründen

Alles nur Täuschung
nirgends
ein Lichtpunkt
über Abgrundtiefen
gesuchter Erkenntnis?

Verloren halb
und halb gefunden
bleib ich Gefangene
im Labyrinth der
sich umkreisenden Gedanken

GEDANKENKREISE

Als Fluch der Gedanken bleibt
quälendes Suchen
von Zweifel geplagt
bleibt Starre, Erschrecken und Angst

Als Preis der Gedanken
vereinzelt Gewissheit
Erkenntnis und Glück
im Taumel des Augen-Blicks

Doch
wo ist Befreiung

ZERBROCHENE GESTALT

Mein Spiegel
fiel mir aus der Hand

        Kein Blick
        Kein Bild
        Keine Gestalt

Was weißt denn du
von diesem Nichts ...

        Aus Splitterglas
        forme ich neu
        was mir zerbrach

Ich find'
ein blindes Bild nur
die Gestalt
ist unnennbar
zerstückt

VERGEBLICHES BEMÜHEN

Ein Knäuel abgerissener Fäden
so liegt das Leben vor mir da
Ich möcht' den Faden wiederfinden
der einst dies Knäuel war
Die Hände sind vom Knüpfen müde
die Augen sind schon trüb und matt
und hab' ich Enden neu verbunden
reißt sie mein anderes Ich
gleich wieder ab

UMKEHR

Lass ab
der Zweifel sind genug gesetzt

Die Mittagssonne brennt

Es welkt der Baum
lang vor der Zeit
im kahlen Astwerk
hängt der letzte Traum

Willst du
dass er die Dürre übersteht
musst du das Wurzelwerk begießen

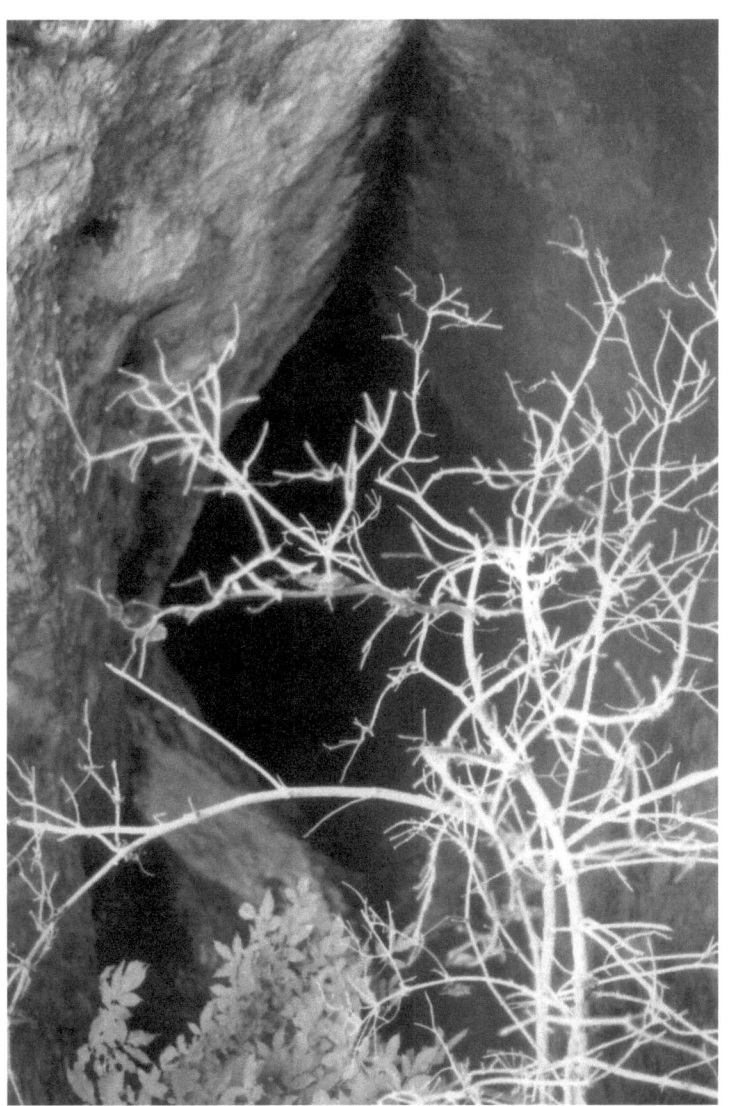

NOCH EINMAL

Ich will noch einmal
eintauchen in den Grund
meiner Seele
und die Schatten der Träume
mögen vergehen
wie die Dunkelheit weicht
vorm Licht des werdenden Tags

Ich will noch einmal
die Kraft der Erde
in mich nehmen
den Keim aufspüren
der zu neuem Leben drängt

Vielleicht dass dann
die Krankheit meiner Seele
sich wie ein Schleier
von mir hebt
dass freundlichere Bilder
meinen Schlaf begleiten
und alles Tun
zusammenwirkend
schöpferisch
die fernen Tage füllt

BEWUSST – HEIT

Der Tag
ist zu Ende gedacht

In den Fugen der Nacht
hockt die entmachtete Seele
und fordert ihr Recht

Sie treibt dich durch Grauen
Entsetzen und Angst
schickt Bilder und Zeichen
damit du verstehst

Ergreife den Schlüssel
der dich aus Blindheit befreit
und löse die Fesseln
die deine Tage ersticken

Der Morgen ist nah

...

Hier am Fluss
träume ich Leben
die Kraft
des strömenden Wassers
in mir
den Wellenschlag
der mich
an neue Ufer führt
und

ich lande an ...

NACH EINER AUSSTELLUNG

Wie mich die Bilder alle
zu neuen Taten drängen
der Farbenzauber
meine Sehnsucht lockt

Aus der Gedanken Enge
tret' ich nun
in einen weiten Raum
erkunde ihn
mit sachten Schritten

Und innen wachsen Flügel
meiner Fantasien

Und immer bleibe ich
gehalten und bewegt
gebunden und doch frei
mal außer – mir
mal in–mir–aufgehoben
in lichterfüllten Augenblicken
hier und da wohl angekommen

Und doch auch
unablässig Aufbruch
um neue Bilder
zu enthüllen

Und immer wieder
Weg

KLEINE DINGE

In der Stille
bin ich wach geworden
ich sah die kleinen Dinge
plötzlich groß
in sich geschlossen
eingebunden in den einen Plan
aus dem die Wunder wirken
Ich nahm die leisen Stimmen wahr
die mir Geheimes offenbarten
und fühlte jenen Atem
der durch Ewigkeiten geht

UNTEILBAR

Und von den letzten
Sonnentagen
füll ich den Becher
Mir
bin einverstanden
einvernommen
eingetaucht
ein Einziges
doch auch ein Teil
der Erde
wandelbar
und lebensvoll
und mit ihr
Keim und Frucht

BITTE

Dein Sommer ist schön und groß!

Reich mir die Hand
und schenke mir von deinen Früchten
die Samen
die das Dasein lichten

Ich bin zu säen sie bereit

Der Himmel spannt sich weit
über die kalte Welt

Bleib du
der mich in seinen Händen hält
mir unverrückbar nah

NEUES LEBEN

Wo ist der Horizont
der die Hoffnung gestohlen
wo ist der Wind
der die Segel gebläht

Die Zeit steht still
und die Ufer gehen verloren

Auf endloser Fläche
ein Boot
ohne Ziel und Sinn

Erst in der Tiefe des Meeres
wird neues Leben geboren

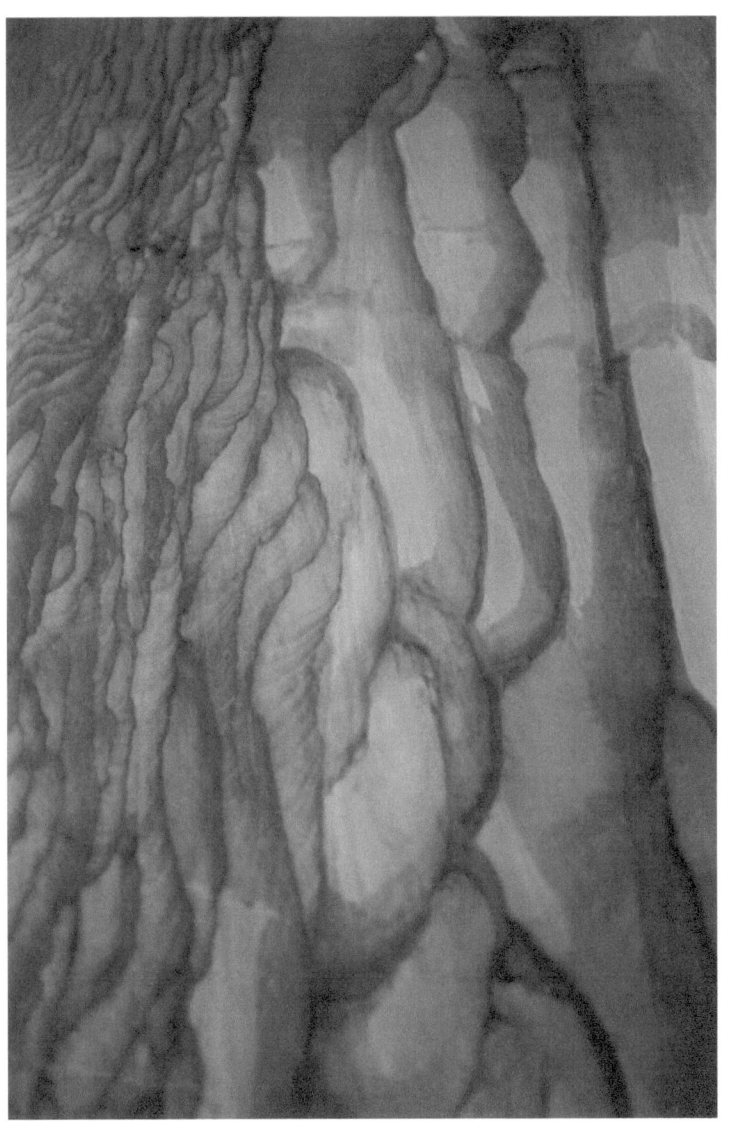

WIE NUR ...

Diesseits des Ufers
die Felder leer

Der Wind treibt
trockene Spreu
vor sich her

Jenseits des Ufers
ein sattes Grün
und Knospen
kurz vor dem Erblühen

Wie nur ... hinüberkommen?
Der Hunger ist groß

ICH – ZUSTÄNDE

Ganz – Ich
ein Teil von Ich
Rest – Ich
Nicht – Ich
im Ich – Zustand
als – Ich
vergessenes Ich
auch – Ich
immer – Ich
nie – Ich
selten – Ich
verratenes Ich
zweifelndes Ich
verleugnetes Ich
hilfloses Ich
verstecktes Ich
überhöhtes Ich
erträumtes Ich
gekränktes Ich
gebrochenes Ich
nur – Ich
gesundes Ich
ein einziges Mal
Ganz – ICH

UND WENN DU MEINST

dass das Leben
ein Teil von deinem Ich
gefangen hält
so finde Wege
öffne Türen
richte neue Räume ein
auf dass die
vielen Wesenszüge
in dir zurück gehalten
ein andres Selbst
gestalten
und neu gefunden
Du in Dir
zu Hause bist

VORÜBER ... UND DANN

Mit leisen Spuren
gehn sie dahin
die Gedanken, die Bilder
die Klänge

Warum noch
Fäden entwirren
die oft
in Netze verstrickt
mich umgarnt

Vorbei ist der Tanz
törichter Mächte
um Gunst zu erwerben
und Geld und Profil

Vorbei auch
sind lustvolle Nächte
und Feuer
die überhitzten
bis zum Verglühen

Nun schwingen
die Saiten in eins
von Wollen, Wünschen
und Tun
Und wenn ihr Klang
verströmt
in die Stille der Nacht
kehrt sein Tönen zurück
sobald ein neuer Tag
wieder erwacht

AUFBRUCH

Auch wenn stets
leichte Schatten bleiben
vertrau dem Licht
das durch das Dunkel bricht

Ihm ist die Kraft zu eigen
die stetes Werden schafft

Im Sinnen, Tun und Hoffen
wird Zukunft neu geboren
wenn du zu finden
offen bist

Und doch:
nicht jeder Glanz
ist auch schon Licht
nicht jedes Finden
wird Gewinn

Aber dein Glaube
wird deinen Weg begleiten
dem du dich hoffnungsvoll
verpflichtest

AUFTRAG

Ich schicke Worte
in den Tag
Dich zu erreichen

Schwärmend
tragen sie
meine Gedanken fort

Mag sein
dass sie sich lautlos
verlieren
unmessbar im Nein des Vergessens
vergehen

Mag sein
jemand hört den Gesang
zwischen den flüchtigen Tagen
und fängt ihn ein
dass er sich blühend
vollende

Genug ist getan
wenn auch nur ein Herz sich
durch ihn befreit

WOHER NUR

Flieg Vogel
fort in die Welt
Deine Schwingen sind stark
und scharf ist dein Blick

Du weißt, ohne zu wissen
erspürst
was dir frommt
und dein Kreisen nicht stört

Du gleitest dahin so frei
kein Irrlicht'nes Spiel
das dich blendet

Woher nur
kommt dir die Kunde
die deine Schwingen führt?

Ich hüte die Erde
und weiß doch nicht
wie

ERINNERUNG

In der Dämmerung Stille
ein Akkord in Moll
der langsam verhallt

Wo sind die Lieder geblieben
die ich im Kornfeld einst sang
lang vor der Zeit
eh Reifen und Ernten begann

Wohin sind die Träume
die ich entsandt
wenn unter den Sternen
ich stand

Nicht dass mein Fühlen
in Kälte erstarrt'
nicht dass ein Leid mir
das Träumen nahm

Mein Blick ist ahnbar gerichtet
in eine ferne Welt
und sinnend geht mir
derweil verloren
was hier den Tag
zusammenhält

AUF DEM WEGE

Ein schmaler Pfad
durch unwägbare Lebensfelder
ein Ahnen
zwischen Tag und Traum

Stunden zählen hart
am Saum der Zeit

Im Blick zurück
manchmal ein Aufbegehren
am Wegrand hier und da
ein Maskenzaun

Doch unablässig aufgerufen bleiben
Dunkelzonen
lichtgebunden zu durchschreiten
in all den Tagen, Stunden, Jahren
die vorüberziehen

VERGISS AUCH DIESE
LETZTEN ASTERN NICHT

(Stefan George)

GETROFFEN

Der Sonnenstrahl
der mit den Blättern spielte
und sich im Silbertanz
der Espenspiegel brach
traf mich nur kurz
Doch schon begann
ein neues Fühlen und
ich zog mit den Winden
den Himmel zu finden
in mir

IN DEN GÄRTEN

Lautlos erlischt ein Tag
vergoldet vom Nachglanz
des langsam versinkenden Lichts
Spätsommerlich verblühen die Rosen
und Düfte verwehen
zitternd im Vorübergehen
sanfter Winde

Noch einmal erglüht alles was lebt
ein letztes Reifen vor dem Vergehen
und tiefer Friede fällt in alle Dinge
die dem großen Schlaf
entgegenziehen

EIN DUFT VON BLUMEN

und blütenweite felder
über die eine ahnung geht
von welken und vergehen
dann
wenn es abend wird

sie haben wie's ihnen bestimmt
verströmt und empfangen
geschenktes verschenkt

noch sind sie voll kraft
noch atmen sie
leben
in sich hinein
und wissen doch nicht
dass sie sind

wenn dann
der wind ihre spuren verweht
ihr duft in den himmel entweicht
ist alles getan

FRÜHLINGS – AUFBRUCH

So manche Hoffnung
hat der Winter eingefroren
so mancher Keim
sah nicht das Licht das
hätt' es ihn emporgezogen
wohl eine reife Frucht
aus ihm gemacht

Nun fällt
ein frischer Atem in die Welt
das Erdreich lebt
und treibt
die neu gesäte Saat hervor
Was hier die Sonne
jetzt an Leben schafft
entfalte sich in dir
mit deiner Schaffenskraft

Sie dränge
manch' verborg'nen Keim
ins Licht
damit er sich
im Jahreskreis vollende

EIN STUNDENGLAS ZEIT

um wieder
in Lavendelfeldern zu stehen
den Schmetterlingen gleich
von Blüte zu Blüte zu gehen
und die Sprache der Zikaden
verstehen

Ein Stundenglas Zeit
um wieder
Oleanderbüsche blühen zu sehen
von schwerem Duft erfüllt
mit Zephir auf die Reise gehen
um das Geheimnis des Glücks
zu erspähen

Und fernab mag die laute Welt
sch an Erfolg, Genuss und Macht
berauschen

STERNVERLOREN

Ich hör'
das Lied der Masten
wie Sirenen singen
die Möwen zieh'n
weit übers Meer
Traumwandelnd
folg ich ihren Schwingen
bis sternverloren
das Jetzt sich
aus der Zeit
ent-bindet

HERBST IM VORGEBIRGE

Aus den Tälern dampft es
himmelwärts
Durch die blauen Tannenhänge
ziehen Nebelstraßen
zart wie Schleier
die sich aufwärtsrankend
um- und ineinanderschlingen
und als Dunstgebinde
in den Wolkenhimmel übergehen

Dunkel steht die Wolkenwand und tief
und mir ist als ob sie Tränen trüge
dass die Zeit so schnell vorüber geht

Noch blüh'n Astern, Rosen, Margeriten
spielen Kinder mit dem sanften Wind
doch die Schatten werden länger
und der Tag ist nah
an dem der große Sturm beginnt

GLÜCKHAFTE STUNDE

Ein Keim reckt sich empor
ein Sonnenstrahl
durchbricht das Laub

Über dem Wasser
schweben funkelnd die Libellen

Ein Stückchen Blau
vom Grund des Himmels
fällt in meine Hand

DÄMMERUNG

Ein Feuerball verbrennt am Himmelsrand
und mit entflammter Hand
färbt er den See der still
sich mit dem Himmel vereinigen will

In Rotgold getönt liegt er da
Wolkenrosen spiegeln sich nah
und der Himmel wird See, der See Firmament
dieweil der Glutball zu Ende brennt

Entgrenzt ist der Raum vergessen die Zeit
die Seele ist los, das Herz ist weit
und leis erklingt das Sehnsuchtslied
das seit Äonen durch die Menschheit zieht

HERBST-GEFÜHL

Aus dem Nebel steigt ein später Tag
Von den Zweigen tropfen Tränen
die der Morgentau geweint
und die fahle Sonne scheint
kalt durch fast entlaubte Bäume

Eh der große Schlaf beginnt
fällt ein Balsam in die Seele
und benetzt das Herz in Todeswehen

SPÄT IM JAHR

Kartoffelfeuer rauchen
Efeu umrankt die alten Mauern
In buntem Laub
die Hagebuttenhecken reifen

Noch sind Balkone
reich geschmückt
und über engen Tälern
im späten Sonnenglanz
stehn hoch erhaben
roter Sandstein und Granit
Wächter aus alter Zeit!

Vereinzelt grüßen Fichten stolz
von steilen Hängen

Hier fühl' ich mich
schon fast zu Haus
suche gern' noch
spät gereifte Beeren

OH KÖNNTEN WIR ...

Auf einen Ton gestimmt
ist alles
inmitten der Ebene voller Lavendel
der seinen Duft verschwendet
an den Himmel
und an mich

Welch ein Geschenk der Stille
entrückt zu sein der Zeit
und losgelöst
aus abgehetzten Tagen
zu spüren
wie sich Gewissheit in mir weitet
von etwas Größerem als wir
wie ich der Enge schon
der Zweifel, Ängste, Bitterkeiten
hier entgleite

Oh könnten wir
die Stille wiederfinden
um nicht Verlust zu leiden
durch lärmendes Gepränge
außerhalb uns selbst

...

Am Rande des Sees
verwachsene Pfade
vereinzelt
aufkeimendes Grün

Wie spät auch
das Jahr
mit sinkendem Licht

Es sucht seinen Weg
und weiß:
es ist, was es ist

KLOSTER SENANQUE

Sana aqua !

Wie im Lavendelblau
die weißen Mauern leuchten
als gäbe es nur
das eine Licht
im Bannkreis dieses Raumes

Das Schweigen wächst
und wächst
unmerklich auf mich zu

Und in der Vierung dann
magisch berührt von einer Kraft
Atem erahnter Ewigkeit

Nur nicht zurück
Zu nah ist diese Stunde
dem Seelengrund
der meine Mitte trägt

DER LIEBE LOSE FÄDEN

VERWEHEN ALLZU SCHNELL IM WIND

LIEBE

du bist der Filter meiner Augen
bist Wärme mir
in kalten Nächten
du bist die Kraft
die tief nach Innen führt
und mich berührt
das Licht der ersten Sterne

VORBESTIMMT

Ich ahnte immer schon
dass es dich gab

Ein Blick
ein Berühren der Hände
und alles war da

Unser Verstehen im Schweigen
das Ineinanderschwingen
im Vorübergehen
und meine Gedanken
denen du Worte gabst

Wir tauchten ein
in die Gemeinsamkeit
und blieben doch
im Du
ein eigenes Ich

MIT DIR

Immer noch
ein Zauberband
von frisch erblühtem
Jasmin

Zwei Saiten in Dur
eingestimmt in den
Frieden der Nacht

Und stets
in frühlichtener Stunde
ein neues Beginnen

seit es Dich gibt

LICHTPUNKT

Wir gingen unseren Weg
zu zweit

Die Welt war voll
mit Sternen übersät

Und in uns
war Unendlichkeit

BESUCH IN WAHNFRIED

An einem Tag wie heut'
pflückt ich mit dir
einst einen Strauß
aus tausend Blüten-Dolden

Ich blieb in seinem Duft verwoben
und doch ging auch die Zeit
geschäftig drüber hin

Nun dies Erinnern ...

und träumend durchwandre ich
wie ehemals mit dir
die weit entfernten Zaubergärten

VOR DER ZEIT

Der Sommer der Rosen
war kurz und schwer

Verstreut
liegen die Blätter
im Regenmeer
lang vor der Zeit

Uns bleibt
noch ein Duft
aus anderen Tagen

vielleicht

SONNENKIND

Du lebst im Lichte nur
das nichts verbirgt
und dort
wo Wärme ist

Deine Zeichen sind gebunden
öffnen eine Welt nur dem
der dich erkennt

Denen
die aus anderem Wesen
bleibst du fremd

Und du wirst verbrennen
wer sich ungefragt
an deine Seite stellt

VERSÄUMTES GLÜCK

Ein Hauch nur
hätte den Tau
von den Bäumen gefegt
und wie silberne Fäden
um mich
und zum Spinnen
in meine Hände gelegt

GIB ACHT

Das Glück ist nah
Was hindert uns
die Herzen zu verbinden

Der Liebe lose Fäden
verwehen allzu leicht
im Wind
und Sehnsuchts-Leere
verliert sich schnell
in eine nebeldichte Ferne

Die Liebe spricht
in ungezählten Sprachen
nur eine ist
allein für dich und mich
bestimmt

UND DOCH

Jenseits des Ufers
im Sonnenfeld
seh' ich noch immer
dein Bild

Berauscht und verwirrt
ein Wunsch
ein Versagen
und doch ist verknüpft
was zweifelnd
sich wehrt

Schon spinnt sich ein Netz
das die Träume verbindet

Ein Regenbogen steht
über dem Land

NOTRUF

Du lebst in meiner Nähe
doch nah bist du mir nicht

Im Tanz der Selbstgenüsse
bist du blind geworden
Die Seele ist schon fast verdorben
und die Gedanken stehen Kopf

Du redest viel mit großen Worten
doch leere Hülsen
sagen nichts

Wir wohnen längst nicht mehr
im gleichen Haus
Das Dach ist halb schon abgedeckt
der Regen rieselt
in die Mauern ...

VERLUST

Ausgetrunken
der Saft reifer Beeren

Das Glas
zersprang

In unseren Händen
Scherben
der Liebe

Ich hör'
die Seelen
weinen

von Zeit zu Zeit

WUNSCHTRAUM NUR ...

Zu schnell
zerriss das Band
das wir
Begegnung nannten

Die Saiten
die zusammenklangen
wurden stumm
fast über Nacht

Gedankenfetzen
wehen nun
als lose Fäden fort

In undurchsichtigem Grau
verliert sich eine Spur
ein Wunsch

Und manches Mal
beginne ich zu
taumeln ...

WIDERSPRÜCHLICH

Ich habe meine Liebe
in den Wind geschrieben
und bin nun doch erstaunt
dass sie im Wind verweht

Ich habe alle Zweifel
über Nacht vertrieben
und fühl' sehr wohl
dass sie noch in mir sind

Ich habe niemals glauben wollen
dass deine Küsse lügen
doch weiß ich nun
wie schal und leer sie sind

SOMMERLIEBE

Silbrig glitzert Sonnenlicht
auf den Blättern des Olivenbaumes
und es ist – noch weiß ich's nicht
schon das Ende eines Traumes

Zitternd ruht ein Schmetterling
aus auf meinen Händen
doch dann fliegt er fort im Wind
ohne sich zurückzuwenden

Wolken weben weiße Schleier
wechseln ständig die Gestalt
sich verdichtend ziehn sie weiter
bauen Welten und zerfließen bald

Diese Bilder sind wie Vorbereiten
auf die Wege die wir beide gehen
sind ein Finden ein Entgleiten
bis zum stillen Auseinandergehen

FRAGEN

Was weiß denn ich
von deinem wahren Wesen
von dem, was du ersehnt
gelitten und genossen
was du gesucht, gefunden
und erhofft
im Zwielicht mancher Stunden
verzweifelt auch
in dir vergraben hast

Wie mochte sich
so mancher Schleier
vor die wunde Seele legen
so mancher Strom der Angst
in dir bewegen
der sich dem Gang des Lebens
widersetzte

Wie konnte ich
den Schlüssel zu dir finden
dein Fühlen ahnen
der du dir selbst
so fern gewesen bist
die Seele stets verbergend
sich meinem Blick
entzog

Wie fremd ist mir geblieben
was dir mein Spiegel war
weil deine Lippen
es verschwiegen

APHORISMEN

GEDANKEN UNTERWEGS ...

Welle
Spiegel des Lebens
in bleibendem Wandel
durchmisst du die Zeit

Alle Fäden
die das Leben spinnt
gehen immer auch
durch deine Hand

Angekommen –

nach den Schatten
das Licht
blendet noch

Flüchtig wie der Wind
ist die Zeit
und sie eilt
mit leeren Schritten oft
in Leerelosigkeit

Augenblicke des Staunens
haben die Größe der Stille in sich
die Ahnung von Glück

Du hörst das Lärmen
das dich umgibt
nicht mehr
weil du die Stille
nicht kennst

Vorbei –
der Sonnenstrahl
der Blumenduft
ein Schmetterling
klebt starr am Kieselstein

In den Wind geschrieen
das Leid
an den Alltag verloren
den Schrei

SEELENVERWANDT

Vorgefühlt
dein Bild in mir

Eingetaucht
in deine Seele
meine Welt

DU

Überall Anfang
überall Ende
überall Mitte
und Mitte bist Du

WECHSELSPIEL

Hier Schatten
da Licht

Das Wolkenband
über Felder und
Wege gespannt
zerreißt vor dem Blau

immer wieder neu

Von Ufer zu Ufer
über den Steg
den deine Hoffnung
trägt

Lass die Seele leuchten
eh' der Staub deiner Tage
ins Meer des Vergessens
versinkt

Mit jedem Tag tiefer und tiefer
in dich hinein
bis auf den Grund der Seele
die dich trägt

Mit der Lüge des Herzens
beginnt der Tod der Seele

In Angstgemäuer verbannte Seelen
werden nicht frei

Nimm einen Tag
und schenke dich
ihm ganz

So mancher Augen-Blick
beginnt zu leben

Vielleicht
dass schon vergessene Welten
neu entstehen

Den Vögeln gleich
weit über's Meer ziehen
doch auch wissen
wo du zu Hause bist

Goldlaubspuren
und lichthelle Tage
verweben in ein Kleid
das dich wärmt

wenn der Winter kommt

An immer neuen Ufern angekommen
Wagst du zu hoffen
irgendwo sei deine Sehnsucht gestillt

Menschen
gestrandet im Sturm
tragen immer
das Meer in sich
von schwerer Fahrt

Mit Blütenträumen
auf die Reise gehen
wachsen und reifen
bis zum Ende deiner Zeit

Jedes Verlieren
ein neues Sich-Finden
ein Schritt
auf dem Wege zu dir

Manches
muss geschehen
damit anderes
geschehen kann

Vergessen der Mond
hinter den Wolken
der doch so schnell
Traumfäden spinnt
zwischen Himmel und Erde

Manchmal
wenn Herzenswünsche sich erfüllen
trägst du Erde und Himmel in dir
singst dein Glück
den Sternen entgegen

Da
wo mir deine Nähe fehlt
schenkt die Erinnerung
mir schönste Träume

Eingetaucht
von Genuss zu Genuss
aber das Lieben
verloren

Im Meer der Möglichkeiten
ist auch
dein Teil enthalten
so dass du das
was du nachdrücklich
suchst
finden wirst
es zu Zukunft
zusammenzubinden

Auch wenn die Wunde verheilt
es bleibt stets eine Narbe zurück
die schmerzt
wenn man sich an ihr stößt

So du ein Mensch sein willst
vergiss den Stolz
nur um des Vorteils willen
doch hüte deine Würde
vor dem
der sie mit Füßen tritt

Wie das Meer
das kommt und geht
unterwegs sein
und irgendwann
nur ruhen in sich

Lasst eure Kinder leben
sie tragen Zeichen
die Ihr ihnen gabt

Inhalt

FREMDHEIT · 7
VOR – ZEITIG · 8
ABSEITS ... · 9
ÜBERFÄLLIG · 10
BRÜCKENSCHLAG · 12
AUFTRAG · 13
AUF DEM WEGE NACH KORCULA · 14
SPUREN · 15
VISIONEN 90 · 16
BESINNLICHER AUGENBLICK · 18
WIR LASSEN ES GESCHEHEN ... · 20
DAS KARUSSELL (1) · 21
DAS KARUSSELL (2) · 21
GEMÄLDE OHNE TITEL ... · 22
VERSPIELT · 24
EIN ANDERER TOD · 27
TRAUMATISCH · 28
DIE MOTTE · 29
DANACH ... · 30
AUS MENSCHLICHER SICHT ... · 32
VERSUCH EINER FLUCHT · 33
ICH WILL AM ABEND · 34
JAHRES – AUSKLANG · 36
ORPHISCHES LIED · 37
WAS MIR BLIEB ... · 38
UNGEWISS · 39
FRIEDHOF IM AUGUST · 40
STERNSCHNUPPE · 41
AUF EINE STERBENDE · 42
IMMER IM JETZT · 45
WIE WIR · 46
FLUSS DES WALTENS · 47
EIN KLEINES WORT · 48

DAS LEBEN IST ZU KURZ · 49
AN DER SCHWELLE · 50
VERSPIELTES LEBEN · 52
DAS UNGEZÜGELTE · 53
NICHT DASS DIE SEELE ... · 54
BEGRENZUNG · 55
IRGENDWANN · 56
AUFBRUCH · 57
SPUREN · 58
RUDIMENTÄR · 59
ENDLICH · 60
DER TAUTROPFEN · 61
EIN ATEMFLUG VORAUS · 62
AUF ZUKUNFT HIN · 65
NUR TÄUSCHUNG · 66
GEDANKENKREISE · 67
ZERBROCHENE GESTALT · 68
VERGEBLICHES BEMÜHEN · 69
UMKEHR · 70
NOCH EINMAL · 72
BEWUSST – HEIT · 73
HIER AM FLUSS · 74
NACH EINER AUSSTELLUNG · 75
KLEINE DINGE · 77
UNTEILBAR · 78
BITTE · 79
NEUES LEBEN · 80
WIE NUR ... · 82
ICH – ZUSTÄNDE · 83
UND WENN DU MEINST · 84
VORÜBER ... UND DANN · 85
AUFBRUCH · 87
AUFTRAG · 88
WOHER NUR · 89
ERINNERUNG · 90
AUF DEM WEGE · 91

GETROFFEN · 95
IN DEN GÄRTEN · 96
EIN DUFT VON BLUMEN · 97
FRÜHLINGS – AUFBRUCH · 98
EIN STUNDENGLAS ZEIT · 99
STERNVERLOREN · 100
HERBST IM VORGEBIRGE · 101
GLÜCKHAFTE STUNDE · 102
DÄMMERUNG · 103
HERBST-GEFÜHL · 104
SPÄT IM JAHR · 105
OH KÖNNTEN WIR ... · 106
AM RANDE DES SEES · 107
KLOSTER SENANQUE · 108
LIEBE · 111
VORBESTIMMT · 112
MIT DIR · 113
LICHTPUNKT · 114
BESUCH IN WAHNFRIED · 115
VOR DER ZEIT · 116
SONNENKIND · 117
VERSÄUMTES GLÜCK · 118
GIB ACHT · 119
UND DOCH · 120
NOTRUF · 121
VERLUST · 122
WUNSCHTRAUM NUR ... · 123
WIDERSPRÜCHLICH · 124
SOMMERLIEBE · 125
FRAGEN · 126
APHORISMEN · 129 - 145